Il sogno

Lucio Perelli

While every precaution has been taken in the preparation of this book, the publisher assumes no responsibility for errors or omissions, or for damages resulting from the use of the information contained herein.

IL SOGNO

First edition. April 26, 2024.

Lucio Perelli
1999

Il sogno

Le avventure più belle e credibili sono quelle sognate la notte, quelle che devono ancora venire, quelle che ci toglieranno il fiato per l'emozione.
Forse oggi stesso, oppure quando saremo più grandi, quando la posta in gioco potrebbe essere la vita stessa.

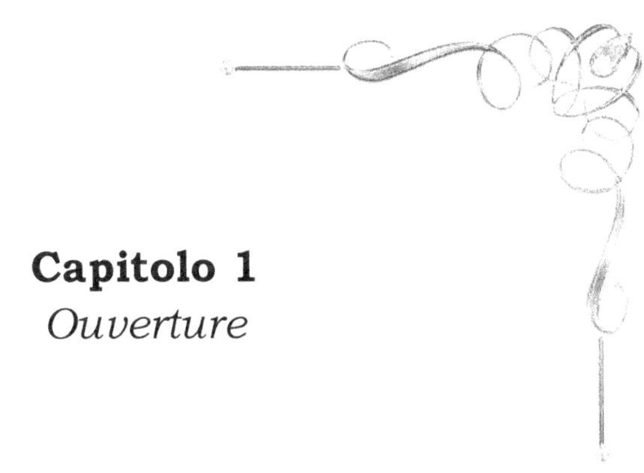

Capitolo 1
Ouverture

La Lampara non è un luogo per tutti. Se non hai niente da dire, niente a cui pensare, nessuna per la quale fare propositi di cambiamento; se non hai questo genere di predisposizioni, allora non puoi andare alla Lampara. Me lo ripetevo spesso, lo sapevo bene, io che ho sempre avuto dentro tanti travagli di molte specie; e ne cerco quando sono troppo libero, per sentirmi più vivo e più importante. Si, lo sapevo, ma io alla Lampara non ci andavo così spesso.

Forse perché fuggivo da un luogo troppo intimo. Fuggivo da qualcuno, da qualcosa? Non importa, perché ormai non scapperò più. Tanto non serve, come non serve sforzarsi di non sognare, come è inutile per un passero rimandare il primo tuffo nel vuoto.

Il presidente della Lampara è Susetta; lei cucina e sta in disparte, e sorride. Alfredo è il primo socio; lui serve panini e birre sui pochi tavolini di legno spesso e bruciacchiato. Si diverte e fa divertire, ti alleggerisce l'umore e il portafogli, ma nessuno s'è mai potuto lamentare del servizio. Per salutarlo, per dire male del nostro sindaco, ecco perché volevo passare da Alfredo.

Ad ottobre inoltrato l'aria è già fredda, buia e, quel ch'è peggio, è molto, molto umida. E' il periodo in cui si sta più vicino ai morti che ai vivi. A volte davanti alle tombe si parla meglio che davanti ad un camino, da soli oppure in compagnia di vicinati di loculo; e loro, i morti, incassano e non rispondono, per fortuna non ancora.

Era ottobre inoltrato, era già terminata l'estate sulle biciclette, i fiori più belli erano già appassiti, un altro anno stava per finire senza botti da ricordaref. Era la fine di tutto quello che poteva cadere sotto i miei sensi. Perché salutare Alfredo in un periodo simile?...
Entrai sul finire della sera.

Non ti sbagli. Quando entri alla Lampara sai già dove sei, anche perché altrimenti non avresti mai potuto trovare il vicolo giusto. La porta d'ingresso, tanto grande quanto sottile, si apre al contrario e ti frega sempre (anomalia dei cardini non voluta); la porta del bagno è tanto stretta da doverci passare per coltello. Non ti sbagli. Non ti sbagli perché solo Alfredo ti tiene un sottofondo di musica jazz, perché solo lui serve con i manicotti di seta, perché sulla lavagnetta dei piatti consigliati c'è sempre la stessa scritta: "dolce dalla casa" (ma di quale casa??)

«Ma di quale casa, Alfredo?»

«Della tua, no»

Ecco, c'eravamo salutati.

Alla Lampara c'è un tavolo fatto apposta per due persone, attaccato al muro, vicino alla stufa spenta. In quel punto la luce è particolarmente soffusa e ogni volta che entra qualcuno li arriva una lingua di corrente fredda che ti morde le caviglie. Per inciso: inutile portare gli stivali: la lingua punterebbe alle ginocchia.

C'era una donna sola a quel tavolo. Era sola, ma si vedeva chiaramente che non c'era posto per nessun altro. Teneva tra le mani una tazza fumante piena di chissà quale tisana, come per scaldarsele. Erano mani robuste, proporzionate alla figura. Le dita lunghe non avevano pieghe rugose e finivano ognuna con un'unghia ben tenuta e lucida. Lucida e non colorata. Lucidi e non colorati erano pure gli occhi, ma non piangeva. No, quel viso non avrebbe pianto più. C'erano delle nuvole chiare sulla sua testa, due mazzi di margherite fresche sopra le orecchie. Quel viso, ormai, non avrebbe più pianto.

Di sicuro era più grande di me, ma non ci separavano più di sette anni e comunque non più di quattro metri. Ho chiesto una birra a Susetta; ad Alfredo informazioni su quella ragazza con le nuvole chiare sopra le margherite. Lui è sempre molto discreto quando si parla dei clienti, ne preserva l'intimità, la tranquillità e la buona salute fisica. Ti dice tutto, ma solo a voce bassa. Quella ragazza, però, proprio non la conosceva.
A quel tavolo non c'era posto per nessun altro; eppure stava aspettando qualcuno, ma io non riuscivo ancora a vedere e capire chi potesse essere.

Questi interrogativi sarebbero rimasti senza risposte per quel giorno: mi voltai per lanciarle un sorriso, un brindisi a distanza o chissà ché, ma non feci niente di tutto questo. La bella ragazza non c'era più. Solo allora Alfredo mi disse che aveva pagato in anticipo.
«Glielo hai fatto lo scontrino?»
«Dietro ci ho scritto anche il numero di telefono...»
«Il mio?»
«Il mio».

Capitolo 2
L'incontro

Per tutto il resto della serata vidi nuvole chiare e margherite fresche in ogni cosa. Pensavo a quei capelli lisci e neri fatti apposta per essere scompigliati; e finché pensavo mi sentivo i suoi occhi addosso, mi vedevo davanti il brindisi mai fatto. Se la evocavo era presente e perfino interagiva con me. Non potevo assaporarne il nome, ma il particolare non aveva nessuna importanza, e poi non l'avrei rivista mai più; non mi serviva un nome per chiamarla tra la confusione delle spiagge e delle stazioni, tanto meno le avrei mai spedito una lettera. Sarebbe rimasto un bel sogno ad occhi aperti, tutto per me, un inizio di avventura poco probabile nella realtà, ma tutta da costruire nella fantasia.

Il giovedì seguente tornai di nuovo alla Lampara «Ma di quale casa, Alfredo??»

«Della tua, no».

E' proprio vero, quando entri alla Lampara non ti sbagli.

Alfredo mi stava ammiccando in maniera ambigua. Che cosa aveva, voleva provare nuove emozioni? Io sono un tipo tradizionalista e lui lo sapeva bene. Ma no, stava indicando qualcosa, qualcuno. Al tavolo vicino la stufa stava seduta la ragazza con le nuvole chiare sulla testa. Mi sono avvicinato istintivamente, come attratto da una calamita. Appena staccato dal bancone mi sono sentito come un bambino che muove i primi passi da solo, stranamente leggero e curioso, come se mi fossi incamminato per una strada nuova, eppure familiare. Era un incipit, ma il mio stato d'animo non era completamente sereno: mi trascinavo dietro gli stessi scrupoli e tutti i falsi problemi di sempre. Mentre percorrevo quei quattro metri scarsi che mi separavano dal piccolo tavolo magnetico mi imponevo di non essere indiscreto, di non essere inopportuno. Dovevo darle del "lei" o forse usare un più confidenziale "tu"? Cosa potevo dirle, cosa non dovevo dirle...? Erano gli scogli di sempre.

Ricordo che tutte queste ombre svanirono di colpo quando la ragazza con le margherite sopra le orecchie alzò gli occhi dalla sua tisana catartica e fumante e li fermò su di me. Rimasi interdetto; la mia andatura ebbe un'indecisione; poi ripresi. Ormai le stavo andando incontro con abbandono. Lei mi aspettava con gli occhi, e i quattro metri scarsi che ci separavano erano ormai finiti.

Le dico «Ciao, sai che ore sono?»

«No, non porto mai l'orologio»

«Nemmeno io (bugia evidente). Perché non andiamo a vedere l'ora sull'orologio della torre?»

Era una battuta che il mio amico Simone ci proponeva spesso, ma per scherzare; nessuno di noi sapeva che effetto potesse provocare su di una donna.

«Perché non mi interessa sapere che ora è»

«Hai ragione, forse gli orari sono solo convenzioni che ci servono per vivere in maniera compatibile con gli altri. Mi posso sedere un momento?»

«Si, forse gli orari a questo servono, servono alle persone che vogliono convivere con gli altri simili. Siediti pure»

Ora eravamo alla stessa altezza. Il suo viso calmo mi faceva sentire a mio agio. Era il viso di chi è forte di una scoperta fresca, di chi ha raggiunto una mèta liberatoria, di chi ha vinto la sua paura peggiore. Poi con quella faccia, e con una voce simile, mi mise subito all'angolo.

«Perché volevi vedere l'ora proprio all'orologio della torre?»

«E' la prima risposta che mi è venuta in mente» Non era vero: con Simone provavamo spesso le tattiche di approccio.

«Ma cosa ti aspettavi di vedere da quel grosso orologio?»

Cavolo, non fossilizziamoci su questo particolare. Insomma, era una battuta; nemmeno a me interessava conoscere l'ora. Per il futuro dovremo usare altre tecniche di abbordaggio. Devo dirlo a Simone.

«In un orologio ci puoi vedere molte cose. Da sotto vedi i cavi d'acciaio e i contropesi, da dietro tutti gli ingranaggi e le carrucole, e dal davanti quanto sono grandi e pesanti le lancette».

«Sei salito sulla torre?»

«Questa estate più di una volta...

Non mi fece continuare...

«Tu vuoi vedere tutte le cose da tutte le angolazioni. Devi essere molto curioso, e cocciuto anche. Ci sarai salito sicuramente da solo. Solo dentro una torre che punta verso il cielo. E quando sei arrivato in cima? Non avevi conquistato niente.

C'erano tante, troppe altre cose da conoscere, da possedere in tutto e per tutto»

«Tu invece sei sempre così sicura di quello che dici?»

«So sempre quello che dico, anche se in genere non dico molto. Ti vedo impulsivo; sei il mio contrario. Sarai pure molto sincero; costi quello che costi, vero?»

«Più o meno; basta non rimetterci troppo»

«Insomma sei un puro.

Non avrei cuore a mentire ad uno come te»

«Grazie, grazie a nome di tutti i... puri come me. Prendi qualcosa da mangiare»

«No. Andiamo a vedere che ora è»

«Si, ma tu non aspetti nessuno?»

«No, non aspetto più nessuno. Andiamo».

Capitolo 3
L'aia magica

Cominciammo a camminare. Tra un lampione e l'altro tutte le cose e tutte le case lungo il corso erano confuse nella penombra, come una grossa coperta che la sera scende a riparare e a portare pace a chi per tutto il giorno ha incarnato un ruolo faticoso. Quei tratti di semibuio erano particolarmente affascinanti. Sentivo di essermi imbarcato in un'avventura nuova per me; non ne conoscevo ancora i contorni. Come si chiamava quella ragazza con le nuvole chiare sopra la testa?, perché stava dando tanta confidenza ad uno sconosciuto?, se questo ero per lei.

L'aria era talmente umida da bagnarmi le lenti degli occhiali. Non potevo starmeli a pulire ogni minuto, tanto più che portavo i miei guanti di lana rossa; mi tenevano calde le mani, ma in cambio dovevo rinunciare ad alcuni movimenti di precisione come la pulizia degli occhiali. Glielo feci notare; ne sorrise.

«Li puoi togliere gli occhiali, ti guiderò io»

Uauh, praticamente ero nelle sue mani... Avrebbe potuto fare di me ciò che voleva ed io non avrei reagito. Situazione alquanto ridicola ed imbarazzante per un uomo, ma era l'evidenza dei fatti e ne provavo un discreto piacere.

Il corso era finito e stavamo uscendo dal paese.

«Conosci qualche torre qua intorno che non sia quella della piazza?»

«Ci sono più cose qua intorno che nella fantasia degli uomini»

(adattamento niente male, brava)

Ora la luce era appena accennata; i lampioni erano sempre più radi e lasciavano tutto lo spazio per fantasie e parole. Camminammo spalla a spalla, ognuno con le mani nelle proprie tasche. Non l'avrei saputa chiamare in una stazione piena di gente, ma di certo ne avrei riconosciuto l'odore. Emanava nuvole di menta dai capelli e quando girava la testa me ne ubriacavo con abbandono. Aveva sotto il naso due foglie di lilla che provocavano getti di freschezza ad ogni suo respiro. E i mazzi di margherite fresche sopra le orecchie non erano casuali: impersonificava le stagioni appena passate che mai avrei voluto morissero.

«Perché ti dovrei seguire? Trovami una ragione»

«Non mi devi seguire per forza. Se vuoi puoi anche precedermi, tanto sai già dove stiamo andando».

Eravamo dalle parti del cimitero. Il viale che ti ci porta dentro incrocia con una strada imbrecciata che costeggia campi ben seminati, querce marroni e ormai sonnolenti e poche case, per lo più cadenti e vuote. Era un bel posto. Di giorno forse. Mi rimaneva la luce soffice della luna ad incoraggiarmi, mai provvidenziale come allora.

«Cosa andiamo a fare quaggiù? Finiremo con il prendere freddo. Su in piazza ho la macchina: non è un salottino di velluto, non ci puoi fumare, non mi funziona il freno a mano, mi gratta la seconda, ma almeno l'umidità non entra»

«A cosa ci serve la macchina? Devi vedere, dovrai pur vedere qualcosa».

Avrei dovuto chiederle almeno il nome, ma era troppo tardi. Era una domanda che ormai non c'entrava più niente. Quella sera non erano servite presentazioni. Eravamo passati subite alle fasi successive, quelle dell'azione, con tacito accordo e con una tale sintonia che avevamo tagliato le distanze formali senza che ce ne accorgessimo. Lo era stato almeno per me.

Sulla sinistra della stradina stretta, sul gomito della terza curva, c'era una di quelle case vecchie, grosse e declassate a magazzino, con un'aia spaziosa ormai coperta d'erba, centro della vita di almeno un paio di famiglie di qualche decennio fa.

Camminammo tra l'erba e nel buio, fino al margine opposto di quell'aia. Sentii un cane che ci abbaiava contro; come un grosso cane da guardia che cerca di spaventare gli intrusi tirandosi dietro una catena.

Presi il braccio della mia compagna di viaggio e mi girai di scatto pronto a difendermi come potevo. Mi ripassai tutti i giochi violenti di attacco e difesa che la mia cagna Lea mi costringe a subire. Vince sempre lei, per abbandono. E' una cagna che fa le feste a tutti gli sconosciuti, che abbaia alla luna quando c'è, alla sua stessa eco in mancanza di meglio. Forse ha nostalgia del canile dove l'abbiamo presa già grandicella, ma se continuerà così mio padre ce la riporterà presto.

Mi girai di scatto dunque. Quell'abbaiare era lì vicino, ma non sentivo nessun rumore di catena, né di zampe calpestare l'erba e i sassi.

«Da dove viene questo rumore? Mi fa paura; ci abita qualcuno qui, che tu sappia?»

«Di cosa hai paura? Siamo soli qui

(... allora dovrei avere paura di te...)

il cane che senti forse è a guardia dell'aia. Vieni, guarda, devi vedere qualcosa»

C'era poco da vedere con gli occhi in quel buio. Per di più mi ero tolto gli occhiali strada facendo. Le diottrie che mi rimanevano mi concessero appena di vedere un dirupo oltre il limite dell'aia, coperto di sterpaglie e piante storte; oltre questo un buio tutto da riempire con la fantasia. Sentii addosso come una spruzzata di sabbia, ma meno ruvida sul viso. Dall'odore che mi era entrato dentro il naso poteva essere cenere, ma forse era stata solo una folata di vento che m'aveva gettato polvere addosso. Forse polvere e manna degli alberi che si stavano trasformando. Era la spiegazione più razionale.

Seguì uno strano fenomeno dovuto forse alle vertigini provocate dal piccolo dirupo che avevo davanti, forse per la paura di scivolarci dentro, o forse dovuto allo sforzo che facevo per restare all'erta in quella situazione strana, in quel posto così poco accogliente e familiare. Forse per tutte queste emozioni insieme fui preso da uno stordimento che mi estraniò completamente da tutto quello che mi circondava. E non avevo bevuto niente da Alfredo; in ogni caso non esagero mai, proprio per rimanere vigile. Altre giustificazioni plausibili per quelle visioni che seguirono non le so trovare. Quella prima volta è stato come un sogno a metà, come un film muto, ma con tutti i colori. La ragazza con le nuvole chiare sopra la testa mi stava davanti, ferma, con il viso tranquillo e quasi sorridente; solo ogni tanto si scostava i capelli dagli occhi e se li portava dietro le orecchie, con dei movimenti precisi e lisci degni di un pittore esperto. Ora piegava la testa a destra, ora a sinistra. E mi guardava; ma non aspettava nessun segnale da me, né me ne chiedeva. Il maglione bianco di cotone spesso che indossava esaltava le spigolature del suo seno, un seno di quelli che stanno stretti in una tazza per la prima colazione. I jeans erano blu scuro e non più nuovi; forse proprio per questo mostravano una certa confidenza con le curve dei fianchi. E mi guardava. Senza nessun imbarazzo e senza nascondere il viso o le mani, senza una parola. Una figura così andava solo guardata; mi attraeva. Le stavo a non più di quattro metri e lì rimasi per tutta la visione. C'eravamo agganciati gli occhi addosso, a seguire uno i contorni dell'altra, a cogliere ogni segno e ogni segnale che ci rendesse più intimi. In quell'atmosfera mi era possibile sentire le sue emozioni e trasmetterle le mie; avevo i brividi sulla pelle, come se lei mi stesse sfiorando con tutte due

le mani e mi infondesse qualcosa dai polpastrelli. Io raccoglievo quelle nuove sensazioni preziose, ne ero avido, ne avevo bisogno come se fossero aria. Sentivo la sua pelle morbida, le guance... le mani... profumate come i mazzi di fiori che le vedevo sopra le orecchie, ghiotte e stimolanti come il "didò" per i bambini. Non c'eravamo mossi di un centimetro, ma molte distanze si erano azzerate.
«Hai visto qualcosa?»

Sentii la domanda prima da lontano, poi farsi forte e diventare una pinza che mi strappò da quella visione. Quando ripresi coscienza la testa mi faceva un po' male, ma non per l'umidità o per il freddo.
«Ho visto e sentito; forse ho sognato. Penso di non avere digerito bene la cena di mia madre».
Lei mi stava guardando con la stessa faccia della visione, come se conoscesse anche i miei pensieri. Era come se il sogno continuasse, solo era tutto buio e la luna non bastava ad illuminare i nostri contorni. Mi rimisi gli occhiali, le presi la mano destra e andammo insieme in piazza, a vedere l'ora sull'orologio della torre.
«Adesso che abbiamo visto l'ora possiamo anche salutarci, ti pare?»

Non ho più dubbi: con le donne dobbiamo cambiare le tecniche di abbordaggio. Devo assolutamente dirlo a Simone.

«Aspetta un attimo, rivediamoci qualche volta, magari di giorno. Se mi lasci il numero di telefono ti richiamo»

«Ci rivediamo, come no, ma non ti servirà nessun numero di telefono; tu continua a frequentare il buon Alfredo. Ma visto che sei un tipo impaziente questa notte mi puoi pensare. Se ti lascerai andare mi potrai vedere anche».

Capitolo 4
Giulia

Non mi rimaneva che tornare a casa. Giulia mi aspettava pronta ad accogliermi nella sua intimità; a scaldarsi con me. Quante storie che sa e che potrebbe raccontare... ma non lo farà, perché la fiducia non è acqua... Giulia è per me un rifugio tranquillo, è quello che mi serve quando sono solo; con lei parlo all'infinito e di tutto, alzo la voce e mi ci arrabbio; poi trovo la forza ed il coraggio. Ecco a cosa serve Giulia nella sua vernice sporca.

Ha un solo neo che le perdono di cuore: il suo contagiri è un indipendente, è molto autonomo nello scegliere il valore da segnare; spesso parte anche per la tangente e si fa i giri che vuole.
La mia Giulietta deve essere un'indomabile e spavalda ribelle, proprio come vorrei esserlo io.
Mi avviai verso casa.

Capitolo 5
La conoscenza

Casa mia era completamente spenta, ma questo non significa che tutti stessero dormendo: c'è sempre qualcuno che va ciabattando per il corridoio.

«Ciao nonna»

«Ancora non eri tornato?»

«No, ma non è tardi»

Quando le dico così diventa subito più tranquilla; e se ne torna lentamente nella sua camera.

Mi tolsi i vestiti e li ripiegai ordinatamente, come è mia abitudine, e mi infilai il pigiama, che è lo stesso in inverno e in estate (quando lo porto).

Da quando mio fratello si è sposato ho unito il suo letto al mio. Materasso, lenzuola e coperte sono in formato matrimoniale. Appena il tepore mi prende chiudo ogni rapporto con la volontà; perdo conoscenza e mi addormento. Quella volta no: un appuntamento mi stava aspettando; ero agitato, curioso e contento di essere sicuro e fermo sul letto che mi sono costruito su misura.

Appena chiusi gli occhi fui ancora preso da quello stordimento che già prima mi aveva isolato dagli abituali sensi che tanto conforto danno alle umane certezze. Non dovevo essere in me se sentii il letto sempre ben composto diventare una piattaforma che girava lentamente, senza accelerazioni; muoversi lungo una traiettoria dettata da qualche sole. Ero ancora lo spettatore di un sogno.

La stanza era sempre la mia, ma luminosa ed ampia come non lo era mai stata; la serranda della finestra era abbassata, come per non fare entrare niente dal mondo che stava fuori e che non poteva trovare spazio in sogni così fragili e delicati. Di fronte al letto ci sono due comodini dove impilo i libri che leggo; sopra i comodini una bottiglia vuota di Lancers che ho trasformato in paralume senza velo. La candela che ci ha piantato mia madre era accesa e faceva una fiamma lunghissima. Dove aveva preso quella candela che mandava tanta luce?!

Tra me e il paralume stava in piedi quella strana ragazza, puntuale all'appuntamento e alla parola data. I jeans erano confidenti come loro solito e la camicetta slacciata per tre bottoni invitava a

cercare i confini dei seni che non poteva e non
voleva nascondere. Così in controluce facevo fatica
a guardarla, per questo, e non con secondi fini, la
invitai a sedere sulla piattaforma

«Con piacere»

«Ti devo chiedere alcune cose, ad esempio che
motivo hai di darmi tanta confidenza, insomma,
sembra che tu stessa mi abbia cercato, eppure non
mi hai ancora detto o chiesto niente; sei
misteriosa, salti e bruci le formalità. Di te mi fido,
ma non mi piace farmi guidare come un cagnolino
su strade che non conosco. ...Insomma, penso che
mi dovresti dire qualcosa di più circa le tue
intenzioni»

«Come al solito hai troppa fretta.

Non ti posso dire niente che tu già non sappia; puoi
crederci o meno, ma è la verità, quantomeno la
nostra verità. E quando ci saremo conosciuti
meglio avrai tutte le risposte che ti servono, anzi
non avrai più bisogno di fare alcuna domanda»

«Ne dubito: mi conosco abbastanza per garantirti
che la mia insistenza non accetta limiti e tanto
meno la puoi corrompere... »

Mi mise un dito davanti alla bocca per farmi
tacere, poi a quel dito se ne affiancò un altro e poi
un altro ancora. Con tutta la mano già mi stava
esplorando la faccia, sfiorandomi con i polpastrelli.

Mi dava i brividi. Le guance rasate di fresco attraverso il mento, poi l'occhio sinistro, poi sul naso e fu lì che non seppi resistere e allungai entrambe le mani sulle sue guance vellutate; provai una strana e sorprendente sensazione di piacere, paragonabile solo all'affondare e rigirare un coltello dentro un barattolo nuovo nuovo di Nutella®. Sentivo il suo respiro più marcato, avevo già nella bocca l'amaro della sua bocca e nel naso l'odore delle sue margherite fresche. Godevo di tutti i miei sensi. Mi posò le mani sulle spalle, io passai direttamente ai seni facendomi largo attraverso l'apertura della camicetta. Soppesai quelle rotondità con tutta la delicatezza che potevo, ne valutai la consistenza e me li immaginai componendoli come le mani mi suggerivano. Lei massaggiò tutte le cuciture dei miei jeans (eppure avevo addosso il solito pigiama ne ero sicuro), mi diede un bacio sulla fronte, il primo che mi regalò, e si allontanò.

Non so quanto durò quella visione, ma quando la piattaforma si fermò ed io tornai dal mio viaggio, dovevo ancora prendere sonno.

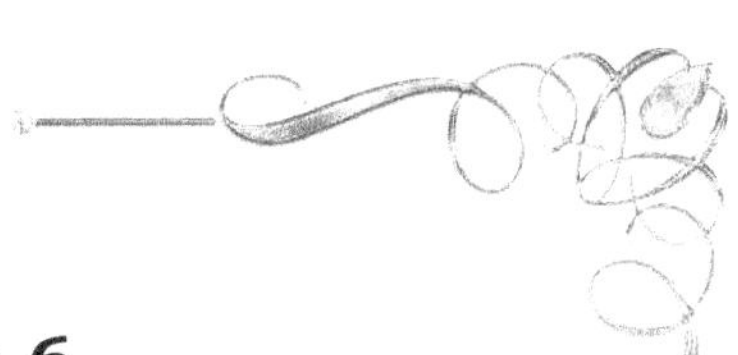

Capitolo 6
Non solo cinema

«...Tu continua a frequentare il buon Alfredo» mi aveva detto la prima volta che ci lasciammo.

... ...

Mica potevo peregrinare per il suo locale in cerca del mio sogno più bello come fa un neo-laureato in cerca di lavoro o una formica confusa che cerca disperatamente qualcosa da portare dentro la tana. Avevo pur sempre la mia dignità come guida, l'orgoglio e l'amor proprio che mi hanno sempre contraddistinto. Tutto quello che dovevo ancora conoscere di lei, il quadro che doveva ancora comporsi per fissare il mio futuro prossimo, tutto questo sarebbe accaduto indipentemente dall'agitazione di quel momento e dalla mia capacità di organizzare improbabili incontri.

Quindi se tornare ossessivamente alla Lampara significava forzare gli eventi, allora non ci sarei tornato tanto presto; se significava soffiare un po' su una vela già spiegata, allora se ne poteva riparlare. Nel dormiveglia di quella tarda sera i due significati coincidevano: era meglio dormire quello che rimaneva della notte.

«E' mezzogiornooo !!»

Era la voce inconfondibile di mia madre che ogni sabato mattina mi dava la sveglia a non più di quattro centimetri dall'orecchio più vicino alla sponda del letto più vicina alla porta della mia camera. E come tutte le volte i capelli seguirono per un attimo la scia vorticosa delle onde sonore, poi si ricomposero. Due minuti per fare il check-up mattutino, poi verso il bagno e verso l'acqua fredda che mi avrebbe svegliato definitivamente.

Né la tavola apparecchiata né tutto quello che vi stava sopra riuscirono a togliermi dalla mente gli incontri di quella notte e dalla bocca il sapore di quella donna senza nome. Considerando che un piatto fumante fino a quel momento era sempre riuscito ad annullare ogni altro pensiero almeno per mezz'ora e che ciò non era invece avvenuto quella volta nonostante le battute scambiate con i miei, allora potevo concludere che avevo qualcosa di anomalo dentro che stava rimescolando le mie certezze.

Bene. Le nuove scoperte mi sono sempre piaciute; dovevo solo attrezzarmi in tempo.

«Ma di quale casa Alfredo??»

«Della tua, no».

Un po' per salutarlo, un po' perché contavo sulla discrezione di Alfredo, la sera stessa passai alla Lampara prima di incontrarmi con gli amici.

«Ti ricordi quella ragazza che stava al tavolino piccolo ieri sera?»

«Quella che ha pagato in anticipo?»

«Si»

«Quelli che pagano in anticipo rimangono sempre nel mio cuore»

«E' passata di qua questa sera?»

«No, non l'ho più vista. Le devo lasciare un messaggio nel panino?»

«No, non è il caso, però se viene falla parlare, che poi mi racconti. Ciao»

«Ciao».

Come al solito io ero il primo ad arrivare. Dopo i suoi cinque minuti di ritardo canonico arriva Mirco, dopo trenta minuti Simone. La sua mezz'ora è un vuoto misterioso; forse esercita pratiche mistiche. In questo lasso di tempo arriva

Paolo, trascinandosi per il corso con la stessa andatura di chi è ormai in pace con il mondo, uguale il quindici agosto come il due novembre. Ci incontriamo sempre in piazza, in disparte dai bar convenzionali o dai muretti troppo affollati. Se piove c'è il portico di San Francesco, oppure il negozio di Paolo.

«Ragazzi stasera si becca, mi sono messo anche il profumo»

Era Simone che al solito punzecchiava, ma la sua provocazione non avrebbe raccolto frutti: i nostri sabato sera finivano mestamente giocando a boccetta o a biliardino, quando si esagerava con due giravolte sul ghiaccio.

«A proposito, dobbiamo proprio cambiare la tecnica d'abbordaggio con le ragazze»

«O mamma, che t'è successo?»

No, non volevo parlare nemmeno con loro del mio sogno più bello.

«Niente, ma potrebbe essere dispersiva, potrebbe portare a tutto tranne che a sapere l'ora»

Uno sguardo maniacale invase gli occhi dei miei amici...

«Evviva, allora non si cambia».

Era difficile convincere Simone.

Quella sera tra bowling e pattinaggio il cinema ebbe la meglio, ma il film proprio non me lo ricordo. Per tutta la sera e oltre pensai alla ragazza con le nuvole chiare intorno la testa. Ero combattuto tra due sentimenti agli antipodi: quello dell'abbandono e quello dell'orgoglio che invece mi voleva tenere vigile.
O lei o la mia libertà.

Chissà cosa pensava di me. Non ho mai dato peso al giudizio delle persone che mi circondano, ma lei si era intromessa nelle mie sicurezze e da dentro le aveva scosse. Le bastavano gli occhi, perfetta estensione del suo cervello. Quando me li sento addosso calmi e micidiali mi trovo a disagio e mi chiedo cosa vedano e cosa riportino alla sua CPU. E' un pensiero che quando diventa ossessivo è accompagnato da paura. Dalla paura di vedersi e sentirsi nudi, perché lei mi conosce anche troppo bene; o forse crede di conoscermi ma non è per niente vero e se lo pensa i suoi giudizi sono sicuramente distorti.

Del film ormai non rimanevano che i titoli di coda. Lasciammo sfilare anche quelli, poi andammo a cercare il vicolo giusto, l'unica traversa a metà corso che porta alla Lampara.
Dovevo scuotermi di dosso quella presenza di donna: il Tangram cinese avrebbe fatto al caso

mio, ma quella serata voleva regalarmi qualcosa di più. La porta con i cardini invertiti ci si aprì davanti, quasi la prendemmo in faccia; in compenso, come un cilindro magico, mi sfornò proprio la ragazza con le nuvole chiare sopra la testa. Uscendo non mi diede alcuna confidenza; i nostri incontri, virtuali e non, erano un segreto. E proprio come una complice mi lanciò un breve sguardo accompagnato da un accenno di sorriso di cortesia... e già sentivo l'odore delle sue margherite dentro il naso.
Sfilò via.

«Ragazzi penso che me ne andrò a casa. Io non entro»
Dovevo defilarmi, ma senza far nascere sospetti.
«Dai, solo cinque minuti per salutare, poi ce ne andiamo tutti insieme»
Simone diceva spesso 'cinque minuti', ma la sua cognizione del tempo era molto particolare. Paolo non reagì (??), Mirco per trattenermi attaccò il mio punto debole:
«Se giochiamo a carte stai con me, così vinciamo...»
Si, Mirco fa di ogni gioco un'arte e non perde mai. A me piace vincere, ma quella sera sarebbero servite ben altre tentazioni per trattenermi.

«No Mirco, stasera no, poi col sonno che m'è venuto giocheresti praticamente da solo» (come sempre, perché gioco a carte da fare schifo).

«Dai, che dentro c'è la socia e dopo combini...». Se c'era da alludere o solleticare qualcuno Paolo usava nomi in codice o appellativi come 'socio' o 'socia'. L'abbinamento preferito è: 'La socia Serafina'.

«No, mi sento tutto scombinato, vado a dormire. Ciao ragazzi»

«Ciao»

«Ciao»

... ...

«Ciao»

Paolo aveva tempi di reazione tutti suoi.

Mi assicurai che entrassero tutti, poi via a seguire la scia di profumo lasciata dalle margherite fresche. Non dovetti cercare molto perché la mia visione era in piedi lungo il corso, poco più su del vicolo, che fingeva di guardare una vetrina spenta di scarpe. Che dolce ragazza, aspettava proprio me, voleva interagire con me, non con uno qualsiasi; con me.

«Ciao Lucio, ben arrivato. Come mai hai perso tempo fino a quest'ora, a chi hai pensato?»

Se non sbaglio non c'eravamo mai presentati; e comunque non avevo perso tempo.

Capitolo 7
Io, un tassello fuori posto
in un puzzle cinese

«Questa notte non abbiamo detto una parola, adesso però è ora di parlare in modo chiaro. Forse qualcosa hai già intuito»
Veramente no, ma non feci una piega e la feci continuare.
«Insomma, non sto cercando un uomo che mi consoli, qualcuno per fare sesso e per dimenticare una storia d'amore appena finita. No; non avrei cercato te in questo caso»
Belle premesse. Me ne dovevo andare? Forse, ma la curiosità era tanta.
«Vedi, io sono convinta che tutte le esperienze che ci capitano a tiro vadano prese al volo, assaporate con gusto, senza fretta. Ogni esperienza ci dovrà lasciare un segno più o meno evidente che andrà

ad ingrossare il bagaglio di credenziali da far valere davanti a Dio o chi per lui»

Io ho sempre sostenuto di essere un cosciente temerario della vita. Non mi stava dicendo niente di nuovo:

«Ebbene?»

«Non so come spiegarmi. Sarà capitato anche a te di cercare qualcosa di nuovo da fare o da capire, per vederti poi reagire, scoprirti in modo diverso. Ecco; io devo ancora prendere possesso di una grossa parte di me. La voglio conoscere, mi voglio conoscere. E' come un'altra donna che mi sta attaccata sulla schiena: ne sento la presenza ma non riesco a vederla. Tu, dal tuo punto di vista puoi vedere e fermare quello che mi si nasconde e mi sfugge. Tu mi aiuterai a conoscermi, definitivamente».

«Mi stai chiedendo di forzare il tempo e la natura?»

«Andresti a precedere il mio tempo, niente di più»

Calcò la voce sul verbo 'precedere', lo scandì bene come per cercare una giustificazione ai suoi pensieri che, a dire il vero, non avevo capito a pieno.

Aveva esposto le sue intenzioni in maniera vaga e imprecisa; potevano essere interpretate in diversi modi, dal soft al drammatico passando per il perverso. Se voleva coinvolgermi in qualche modo doveva comunque esporsi di più.

«…e perché?»

«Perché puoi sentire la tua voce solo quando ti esce dalla bocca, e non puoi stare zitto per sempre; perché puoi riconoscere la tua natura bestiale solo dopo uno sfogo senza freni, oppure perché non capisci quant'è grande un amore finché non te lo vedi sfuggire. Non voglio confondermi ancora, non voglio perdere altro tempo. Ormai ho visto e conosciuto tutto ciò che ad una donna è dato di sapere. Ogni mia domanda trova una risposta tra i ricordi; ogni curiosità è appagata dalla mia stessa immaginazione».

«Tutto questo mi suona strano. Strano perché fuori dal comune. L'unica spiegazione che posso dare al ritratto che ti sei appena fatto è che tu abbia bruciato troppe tappe nella tua vita, senza viverle a pieno con il giusto e con il sensato equilibrio tra curiosità, istinto e paura. Forse è questo.

Anche se nessuna forma d'amore, nessun istinto d'indipendenza o di libertà, nessun impegno che ti leghi ad altre persone; anche se niente di questo ti basta per farti sentire viva, sono convinto che qualcosa da fare ti rimane comunque, altrimenti non saresti nemmeno qui stasera. Pensaci bene».

«Già fatto. Ed è quello che provavo a farti capire poco fa. Mi rimane da vedere la direzione presa dalla mia vita. Solo io la posso riconoscere: e dalla scia che ha lasciato fino a qui potrò finalmente risalire sino alle sue origini, senza nessun vincolo materiale, senza sforzo. Per fare questo, però, devo uscire fuori dalla mia buccia e trasformarmi in un osservatore distaccato ed imparziale. E' per fare questo che mi serve il tuo aiuto».

No, per fare questo le sarebbe bastato un incosciente, al massimo un killer; ma lei voleva qualcuno che la liberasse con il cuore, con sentimento anche.

Non avevo il diritto di porre fine a quella vita. Non era quello il modo migliore per aiutarla nella sua introspezione, non poteva essere. Non l'avrei consegnata a nessuna scoperta; semplicemente avrei messo fine al suo cercare. S'era scelta un modo irreversibile per sciogliere i suoi dubbi, ma era anche il più semplice. Così scaricava le sue domande su personaggi e situazioni che sfuggono al controllo umano; voleva travasare le sue responsabilità su una dimensione che ci condiziona senza chiedercene il permesso. Forse questo pensava.

Non le dissi niente perché i pensieri che scendevano fino alla bocca si volevano tramutare tutti in insulti.

«E non credere che sia la cosa più semplice, che sia una scelta di comodo. Anzi, è difficile per me accettare tutti i rischi che si nascondono dietro la porta che voglio aprire, ma non posso nemmeno continuare a piegarmi alla vita capricciosa, assecondarne le bizze che mi prendono in giro, ingoiare i compromessi o accomodare le virate di un capitano che mi guida ma che non conosco e non si fa riconoscere.

Non è facile.

Per accettare tutte le situazioni pesanti che mi si parano davanti una dietro l'altra con un ritmo martellante ed impietoso, per giustificare i miei pensieri e le mie bestialità devo rinunciare per intero a questa persona che alberga le contraddizioni scomode e spinose che mi tolgono il sonno. In cambio riuscirò finalmente a vedermi da altri punti di vista, non avrò più nella testa le zone d'ombra nelle quali ragione e istinto si fronteggiano senza conoscere tregua o pena alcuna per me che non so schierarmi. Non voglio più rimanere a guardare».

«Quello che hai intenzione di fare non ammette ripensamenti. E poi è crudele da parte tua volermi rendere partecipe del tuo delirio. E comunque non ti basterebbe questo per dividere una tale responsabilità davanti a Dio...» Troncò la mia sentenza mettendo più forza nelle sue parole: «Niente del divino che c'è in me finirà, come niente finisce che Dio non lo voglia. Sarà soltanto una trasformazione, un trasporto verso frequenze e dimensioni più leggere».

Era invece un delirio? Di certo la persona che mi stava di fronte non si poteva definire né pazza né disgraziata; a sentirla così lucida nessuno avrebbe dubitato delle sue capacità mentali. In molti anzi avrebbero fatto pazzie per una creatura così misteriosa e affascinante. Forse aveva qualcosa di diabolico; il suo volere oltrepassare lo stato materiale nella convinzione di raggiungere comunque una condizione migliore, questo era dettato da riflessioni pesate; non era frutto di uno squilibrio neurologico. In molti avrebbero fatto pazzie per le sue margherite. Perché non anch'io?

No, sarebbe stata una violenza che non avrebbe mai trovato una giustificazione plausibile tra le mie costruzioni razionali. Mi avrebbe tolto il sonno. Non lo potevo permettere; non ora che mi ero appena riappacificato con la notte, sul materasso di sola lana che mia madre mi aveva fatto cucire in formato matrimoniale. E non potevo nemmeno permettere che una vita finisse per un capriccio ben costruito. Non dovevo lasciare che le sue margherite appassissero; non senza un tentativo, seppure minimo, di persuaderla da quell'intento autolesionistico.

«Seppure per te finisse ogni scambio e ogni contatto con questo mondo, io resterei qua a fare i conti con la giustizia, senza considerare la possibilità che potrebbe sopraggiungere il pentimento. E allora come porre rimedio?, e poi nessuno avrebbe una parola di compassione per me. Chiedimi tutto, ma non tirarmi dentro questa storia. Non farlo con nessun altro.

E perché non da sola?».

«Saresti uno strumento, ecco...

(uno strumento di morte, io?!)

... è brutto dirlo così, forse sarò egoista, ma troverei pace solo conservando la mia integrità morale. La mia anima è con te, ti chiede di liberarla, ma il mio corpo deve rispettare le leggi del mondo che lo ha cresciuto. Non posso usarmi violenza».

«Pazza, sarei io a peccare contro tutte le leggi, naturali, umane e di Dio!».

«Avresti una vita davanti per redimerti. Io no, non posso più aspettare; riesci a capirmi?!»

...

...

...

Rimasi interdetto, spiazzato, ammutolito. Non avevo più nessuna certezza da contrapporre alle sue fantasie. S'era costruito un puzzle con tutti i dettagli, anche i più piccoli, un puzzle che doveva essere una piattaforma di lancio. Mancavo solo io all'appello. E non avevo nessuna giustificazione firmata dai miei.

Riprese. Il tono e i gesti erano propri di chi è ansioso di concludere un discorso:

«Insomma, domani sera vediamoci sulla strada che costeggia il fiume. Ti aspetto dopo le dieci, ciao».

Mi lasciò solo, a metà corso. Lei via di spalle, io fermo a guardarla, senza parole e senza pensieri.

Capitolo 8
Ritratto di donna

Non andai all'appuntamento. Non mi divertivo più con quella pazza sconosciuta che pure non volevo perdere; non ora che s'era confidata. Certo che ne capitano di stranezze. Potevo capirla, come no; questo non significava che approvavo, almeno non a pieno, i suoi fragili castelli di sabbia. Più di tutto mi turbava il fatto che lei avesse bisogno di me; ed è umano, prima che cristiano, aiutare chi tende la mano in cerca di un appiglio. Quel gancio ero io. Mio malgrado, perché non mi prospettava scelte facili. Ritirare la mano oppure aiutarla; e lei avrebbe accettato solo quel tipo di soccorso. No, per favore no.

Ad ogni modo non andai, non ero dell'umore giusto; gli out-out di quella strana ragazza mi avevano indisposto e, di solito, se mi si costringe davanti a due scelte io ne faccio una terza.

Quella domenica sera proprio non uscii di casa.

Non era la paura a farmi evitare la strana tipa, ma la ragione: basta con il rischio cieco, non mi stavo divertendo. Dovevo solo stare fermo ed aspettare che quella storia finisse da sola e senza troppi strascichi.

Nel frattempo però mi sentivo solo più del solito e vuoto per giunta, come se non avessi più niente tra le mie mani, niente sotto i piedi.

Che tristezza... ma io con il cuore non mi risparmio mai: né con le persone, né quando vado in bicicletta. E forse proprio per questo avrei finito per farmi fregare anche stavolta, e sarebbe bastato l'odore delle margherite.

L'idea era di chiudere quella storia iniziata per scherzo ma che tale non era più. Bastava che evitassi di incontrarmi con lei, che non sentissi il dovere di salvarla (da se stessa?). Insomma la dovevo pensare il meno possibile e non doveva essere difficilissimo, visto che tra noi non c'era stato che un breve amore virtuale, fermo e silenzioso; tanto bello, sì, ma niente di più. Da parte sua? Lei aveva un potere degno delle sue stranezze: la penetrazione. Nella sua testa c'era qualcosa di non definito, una forza che non conoscevo e che sfuggiva ai miei sensi.

Potevo ignorarla, ma potevo difendermi dal suo magnetismo? Già una volta aveva visitato le mie notti. Potevo sognarla quando voleva e, nell'incoscienza, poteva usarmi come voleva.

Per quel giorno e per quelli che seguirono, il mio stato d'animo era del tutto simile a quello di un topo affamato davanti ad una trappola col formaggio, o forse come quello di un'aragosta spaventata nell'acquario di un ristorante (sempre ammesso che i topi e le aragoste abbiano dei sentimenti, ma a giudicare dai fumetti si direbbe di si).

Non me ne preoccupai. Avevo altro da fare. Occupai tutta la settimana con i miei disegni, con la fisica e con la vecchia radio di mia zia che Mariano aveva fatto riparlare. Con quelle due manopole in mano potevo viaggiare per tutto il vecchio continente, spiare e origliare le cronache e le musiche di un'Europa unita grazie alle valvole. Affascinante.

E tante altre cose meritavano la mia attenzione: il cane che abbiamo adottato e che proprio non ne vuole sapere di fare la guardia; mia nipote che non si stanca mai di giocare e di imitare ogni movimento o suono; ha solo un anno e temo che continuerà ancora per molto. Insomma, la ragazza sconosciuta occupava la stanza più piccola nella mia mente, un po' fredda e disadorna, come quella degli ospiti. Stanza di riguardo, peraltro.

Ecco, m'inganno. Le contraddizioni vengono sempre a galla e sebbene minime si notano; come una vela che interrompe la linea dell'orizzonte o come la scia di un aereo che segna il cielo. I problemi non vanno ignorati, tanto valeva quindi confrontarmi con quella situazione scomoda; avrei trovato la migliore delle soluzioni possibili, come sempre. E' che sono un Candido anch'io e la fiducia non mi abbandona mai.

Seguirono giorni di tregua e notti di sogni più consoni ai miei bisogni di pace. Ero riuscito a schivare la presenza di quella sconosciuta e con il passare dei giorni si allontanavano le inquietudini e i disagi che già mi facevano sentire colpevole. Ecco di nuovo la normalità, banale e noiosa quanto basta, certo, ma tanto rassicurante. E per non cadere più nelle visioni-allucinazioni delle quali non sapevo spiegarmi la natura, presi a coltivare con piena dedizione la mia fede di cristiano, rimasta fino a quel momento in embrione.

Strano a dirsi, perché nel momento in cui mi necessitavano certezze, mi rivolsi ai misteri della fede. Fede è il contrario di paura e, quando mi sento indifeso, mi viene sempre tanta tanta paura.

Canti, preghiere e fondamenta storiche sulla vita di Nostro Signore furono subito messi a dura prova da un incubo nuovo che mi visitò in maniera inattesa, quando non pensavo più a difendermi dalla ragazza con le nuvole in testa.

E invece eccola. Il momento di pausa non me l'ero conquistato, piuttosto lei me lo aveva concesso. Ma dove era stata fino a quel momento, perché tornare impietosa con le stesse pretese impresse sul volto, senza un minimo di preavviso?; aveva pure un semi-sorriso soddisfatto, quello stesso di un professore che vede sbagliare un allievo perché non ha seguito il suo consiglio.

Ma io non c'entravo niente con quella donna, perché mi era tornata nella mente? Di notte poi, che vigliacca...

«Sono sempre stata con te, da parte, in una stanza piccolina e lontana dai tuoi pensieri»

... sacra ospitalità... fregatura sicura...

Eppure non era nemmeno ironica: aveva la faccia pulita di chi ti vuole bene; era tornata per me. Dovevo dirle grazie? Salì sulla mia piattaforma illuminata e si sedette sui talloni, davanti a me, seduto allo stesso modo. Lei completamente nuda, io pure, eppure ricordavo di avere indossato il solito pigiama.

Teneva le gambe leggermente divaricate, di modo che io potessi meglio desiderare; da quell'angolo che nemmeno la luce aveva mai violato saliva un cono bollente dotato di mani invisibili. Le sentii subito sopra di me, profumate, leggere; piacere e tormento allo stesso tempo. Finire legato con delle margherite non ti fa onore Lucio, dove ti avrebbe condotto poi quella donna che conosceva molto più del tuo nome, che condivideva le stanze nella tua testa... Lei immobile, io pure. Si fece sorgente di miele per le mie labbra arse dal desiderio. I suoi seni mi chiamavano, evidenti ed espliciti come mai, e a quell'appello il mio corpo rispose con una prova di forza imperiosa, ma era un'altra la prova che mi attendeva. Solo allora si mosse.

Allungò entrambe le mani e mi pose un coltello lungo e sottile, come un pennello preciso posto su un'impugnatura di croce.

Non era proprio il momento, per favore no. Non rattristiamoci con le scene di sangue, quelle sono adatte per l'ora di cena, per i TG della sera; noi invece siamo persone ragionevoli, possibile che tu non riesca a pensare ad altro in questo momento? Erano grosso modo questi i miei pensieri, ma le parole non seguirono lo stesso filo logico ed uscirono da sole, calme sotto un ordine mai impartito:

«Cosa vuoi che ti faccia... »

«Prendi questo, disegnami addosso ciò che vuoi, una strada, un albero, un sole».

Si distese con i seni puntati verso il cielo, ma non chiamavano più me. Sentivo solo il suo respiro regolare; io che ho fatto solo scuole tecniche e che non sono portato per il disegno artistico mi abbandonai a quel respiro che s'era ormai sostituito alla mia volontà. S'era fatto ben volere, anche. Mi rassicurava ed io lo ascoltavo, mi diceva che non avrei provato alcun dolore, e che se non provochi dolore certo non potrai provare rimorsi e sensi di colpa, che insomma non avrei commesso alcun peccato. Bestialità dei sogni incoscienti. Ma siamo proprio noi a sognare cose del genere? Agganciai la mente al suono del respiro e seguii con la lama il profilo della sua spalla sinistra.

Il coltello affondava con una semplicità sorprendente quasi per intero, e non trovava ostacoli. Dietro di sé non lasciava né sangue né squarci osceni, ma solo un filo di bruciatura scura. Dalla spalla scesi, toccai il contorno del seno e fui sul fianco; il respiro non si scomponeva, la lama tagliava un burro roseo che non opponeva alcuna resistenza, nemmeno psicologica. Con la mano sicura attraversai la pancia e risalii alla spalla destra seguendo lo stesso percorso di poco prima.

Interruppi il filo della bruciatura, estrassi la lama e non fui sorpreso di trovarla pulita e lucida come quando la presi in consegna. Non avevo nessuna domanda per la testa e tanto meno avevo dubbi sul da farsi. Proseguii la mia opera ricamando parole intorno all'ombelico; risalii il costato dal centro e adornai i seni con lingue di fuoco che i miei occhi non avevano visto ancora. Poi mi fermai in ginocchio sopra di lei e mi ritrovai in mano una lunga margherita bianca. Solo allora mi accorsi che il viso di donna che avevo appena tatuato non era più animato da nessun respiro.

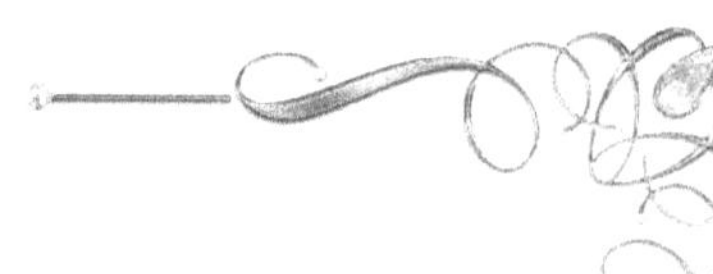

Capitolo 9
L'odore dei pensieri

Di nuovo il sabato mattina con il suo rituale di mezzogiorno: mia madre mi dava il segnale orario come al solito, ma questa volta i miei capelli seguirono volentieri le onde sonore. Ah... santa mamma, tu si che sei viva, urla ancora ti prego, dimmi che non è successo niente. Almeno dimmi cosa c'era nell'arrosto di ieri sera, hai usato l'olio di semi molto vari? Non mi sentivo benissimo e né la testa né lo stomaco mi seppero dare alcuna spiegazione.

Dalla pancia mi tornava su l'odore di una fogna mal sifonata ripiena di pannolini usati e di sangue di maiale caldo e grumoso. Il naso peggiorava la situazione aspirando l'odore acido del sudore che a stento riconoscevo come mio; odore di uomo e di donna insieme. Già, quella donna da incubo niente male. Era l'unica ad essere mai salita sulla mia piattaforma. Dietro di sé non lasciava mai l'odore delle margherite, tanto meno una minima traccia.

La notte appena trascorsa era stata diversa perché io avevo usato i suoi fiori per dipingere e lei aveva usato le mie forze a suo piacimento. Poteva essere solo a quel modo, era l'unica spiegazione plausibile e coerente per la mia nausea: le margherite un tempo profumate si erano ormai imputridite e concorrevano a formare quel cocktail stomachevole che sapeva di morte.

Adesso ch'ero sveglio attorno a me non c'era alcun segno che ricordasse l'avventura di quella notte; nessuna traccia fuori di me, nessuno che potesse sospettare qualcosa, dunque dovevo sforzarmi di apparire sereno per non allarmare i miei, per non farli ridere, per non dover dare spiegazioni che nemmeno io possedevo. Mia madre però è una che fiuta da lontano e non era l'alito marcio che le era arrivato sulle narici, no: quello me lo sentivo solo io. Mi guardava più del solito, da sopra le spalle anche, poi elaborò un pensiero, una sua spiegazione:

«Ormai ti devi coprire di più la sera, altrimenti prenderai il raffreddore»

Ok, stavolta s'era sbagliata anche mamma.

«Si, mi sa tanto. Ho un po' di mal di testa»

Solo un leggero mal di testa, però; non era il caso di esagerare, altrimenti mi sarei inchiodato al letto da solo e non avrei avuto pretesti per uscire. Invece avevo bisogno di aria, di stare lontano dalla piattaforma magica: e se avessi ricominciato a sognare? No, meglio di no, meglio pensare ad altro. Dovevo stare con qualcuno, parlare con qualcuno; insomma mi trovavo in uno di quei momenti in cui il morale ha bisogno della ricarica, di sentire due parole di conforto e di incoraggiamento, discrete e non pietose. Io avevo anche bisogno di un bel sole grosso che mi facesse friggere la pelle, ma ero in pieno autunno e c'era tutto intorno tanta umidità da far gocciare gli aghi dei cipressi. Con un po' di spirito di adattamento modellai tutti i miei bisogni attorno ad un'unica figura: presi il guinzaglio ed uscii con il mio cane nuovo.

Le unghie di Lea che si limavano sull'asfalto erano l'unico rumore che potevo sentire. Ai bordi della strada le foglie morte delle querce avevano lo stesso colore del mio umore. I rami spogli di quelle piante secolari adesso le stavano a guardare dall'alto, impassibili, senza lasciare trasparire il minimo rimpianto; forse anche sulle querce abitavano un giorno mazzi di margherite profumate. Fuori della mia testa nessun altro rumore, né un gatto né una gallina, solo io e il mio cane che tirava ed ansimava. Ogni volta che usciamo insieme prima mi struscia le gambe, poi mi taglia la strada e tira, tira come una disperata.

«Non ti posso lasciare per strada, stai al piede, bestia»

Lei allora mi salta su con le zampe, allunga tutto il collo che ha e mi risponde affannata:

«Lo so lo so, ma almeno corri, corri così mi lascio indietro il pensiero del box almeno per un momento».

Nemmeno per idea; io volevo anzi riflettere e ricostruire con calma i sogni dei giorni sorsi, senza fretta e senza scappare. Dovevo stabilire prima di tutto se quella donna era un frutto della mia immaginazione, concreto solo a tratti o se vivesse indipendentemente da me. Non conoscevo il suo nome ma del resto non abbiamo mai avuto bisogno di chiamarci; e nemmeno l'ho mai dovuta cercare perché era lei che conduceva il gioco, lei che veniva a trovarmi.

Era una donna (già, era...) che sapeva come affascinarmi; conosceva il mio debole per il profumo dei fiori e per le forme generose e rotonde, sapeva della Lampara e del tavolo per due; per quanto tempo mi aveva spiato in silenzio, e da dove? Mi aveva regalato momenti di intimità virtuale, ma la sua scomparsa? Sentivo di avere fatto un vuoto vero, qualcosa o qualcuno non era più al suo posto; forse era solo un distacco, una foglia che cade senza fare rumore. E di chi è colpa se cade una foglia? Ero forse stato io? In quella breve storia avevo messo ben poca della mia coscienza, almeno di quella vigile.

Ma non cerchiamo scuse caro Lucio: non avevo fatto niente per curare quelle margherite che marcivano e non avevo nemmeno offerto una lacrima al ricordo delle due foglie di lilla che da sotto il naso profumavano il sorriso di... si, di quella là. Non riuscivo ad identificarla nemmeno allora che se n'era andata; è che non ero ancora solo, non ero libero, sarebbe tornata appena qualcuno avesse chiesto di lei; se non altro lo avrebbe fatto la mia coscienza.

«Tanto non ti lascio per strada: torniamo a casa Lea, le unghie ormai te le sei fatte».

Capitolo 10
Solo un pensiero che torna

C'era nebbia densa, come ce n'era stata per tutta la giornata ed era strano che avesse durato tanto e resistito anche alla luce di mezzogiorno. Ormai l'umidità cadeva a gocce da ogni angolo vivo; era pure freddo e il leggero mal di testa che quella mattina avevo mentito a mia madre, sembrava mi avesse preso in parola. Si, ma non potevo rimanere a casa; fra poco i miei sarebbero andati a dormire ed io avrei finito la serata da solo, in silenzio e davanti alle fiamme del fuoco che mi avrebbero ricordato impietose il mio destino; e pensare che io stesso le ho sempre alimentate. Via allora, l'appuntamento era per le nove sotto il porticato della piazza, come sempre; stavolta arrivai alle nove e mezza anch'io: giusto un ritardo ogni tanto per rompere gli schemi.

«Ciao ragazzi, che state aspettando qualcuno?»

Gli atri erano già tutti appostati, Simone compreso: ero riuscito ad arrivare ultimo, bene.

«Ben arrivato eh, nemmeno gli ospiti d'onore si fanno attendere quanto te...

... esagerato!...

... ma, ... cos'hai?»

Mirco è scrupoloso, puntiglioso, non ti perdona niente senza prima fartelo notare, ma sempre con il giusto sorriso e con ampie premesse. Mi si è avvicinato puntandomi il naso sugli occhi, prima su uno poi sull'altro, poi si è riallontanato un poco per avere un'inquadratura completa del mezzo busto:

«Ma che c'è Lucio, hai pianto?»

Io?? L'ultima volta che ho pianto è stato per Candy Candy, ma ormai erano anni che nessuno mi smuoveva più il cuore a tal punto.

«No, perché?»

«Hai gli occhi un po' rossi, stai bene?»

Bene bene no, c'era sempre quel famoso mal di testa (leggero, però) che era più una sensazione di pesantezza, di ristagno, come il bisogno di aprire la finestra in una stanza rimasta chiusa per troppo tempo.

«Si, si, sto bene, grazie. Di che parlavate prima che arrivassi?»

«Abbiamo deciso pure per te»

«Grazie per il disturbo Simone, non dovevi»

«Stasera che siamo tutti quattro

(... una partita a briscola?...)

andiamo in un posto nuovo. Mirco conosce un pub pieno di donne tutte sole»

«Poverine, mi dispiace. Allora bisogna che andiamo a fargli un po' di compagnia; è un obbligo morale, direi».

Ottima occasione per divagarmi, però io sono un tipo molto legato alle tradizioni, anche a quelle fresche, ed un saluto ad Alfredo e Susetta era un altro piacevole obbligo morale.

«Passiamo alla Lampara prima?»

«No, partiamo subito. Se entriamo, poi ci mettiamo seduti; una chiacchiera ne tira sempre un'altra e se poi Ezio ci viene d'intorno facciamo tardi e non ci smuoviamo più. Via via, si parte subito»

A si? Quella sera sembrava che anche Paolo potesse contare sul pieno regime delle sue sinapsi.

«No, prima da Alfredo

......

Ezio lo ignoriamo»

Mi incamminai giù per il corso ed i minuti che seguirono furono la riprova che volere è potere di coinvolgimento. E difatti i miei amici mi vennero dietro; un po' sbottando, un po' ricattandomi sul proseguo della serata, ma tutti insieme ci calammo nella nebbia del basso corso.

Il vicolo nascosto, il lanternino blu fioco e polveroso, la porta rovesciata, io che entro per primo... tutto sembrava essere conforme alle nostre beneamate e rassicuranti consuetudini, ma solo dall'esterno.

La lavagna di lavagna nera che accoglie il viandante fa da cartina tornasole. E' cambiata la calligrafia del gessetto, è cambiato l'invito alla consumazione; è cambiato anche Alfredo che s'è tolto dalla faccia i suoi baffi sottili.

«Ma di quale stagione, Alfredo??!»

Io mi adeguo all'invito che propone frutta di stagione mentre i miei amici (loro si, come al solito) puntano a Ezio e gli si avvicinano nel tentativo di scroccare qualche crostino in rigoroso formato "mezza misura".

«Di quella tropicale»

Ma già non ascolto più Alfredo e nemmeno vedo i miei compagni. Sono rimasto fermo sulla prima stanza come una statua di sale che non finirà mai il movimento che le dava vita. Non potei che tornare indietro. Indietro di qualche giorno, a qualche Megabyte di ricordi fa, ma il tutto in un tempo infinitamente piccolo ed inevitabile, come dentro una moviola vertiginosa che mi fece saltellare e correre di spalle togliendomi ogni vincolo di gravità e di realtà.

Tornai indietro sui miei passi con le ciglia aggrottate, che sulla mia fronte non sempre sono sintomo di concentrazione o sforzo creativo, ma più spesso vanno a formare un vistoso punto di domanda che scende fino al centro degli occhi, come a completare l'esclamazione del mio naso.

Forse ero solo stanco ed era comprensibile perché in quei strani giorni avevo macinato una quantità enorme di pensieri e sensazioni, ed ogni dubbio che mi si poneva portava con sé un rimorso. Ma dove stava poi la mia coscienza, che forma aveva e perché era stata latitante quando doveva invece tenermi a freno...? Ormai era diventata pesantissima ed ingombrante, eppure non riuscivo ancora ad identificarla, a prenderla in mano e guardarla con distacco. Si: ero stanco e per di più confuso. Le margherite che mi piacevano tanto ormai erano appassite per mano mia; io lo avevo voluto, non mi ero tirato indietro dunque ero stato un complice fondamentale. Ma di cosa poi...

Alfredo chi è questa donna, pensavo. Il tentativo di porre fine al sogno che mi aveva rincorso per giorni era stato inutile e forse ridicolo. Nemmeno il tempo di abituarmi ai rimorsi perché quella sera mi ritrovai di fronte alla mia nuova coscienza, ad una realtà viva ed imbarazzante.

Al tavolino vicino la stufa spenta c'erano di nuovo le stesse margherite che bene conoscevo, fresche come sempre; le nuvole chiare poco più sopra e anche le foglie di lillà il cui profumo aveva già preso il sopravvento sull'odore fermo delle sigarette. Solo il viso sotto era diverso, ma era un particolare di poca importanza.

Non provai nemmeno a fingere di guardare qualcun altro; ero di nuovo vittima dell'effetto calamita a cui non so sfuggire, dello slancio che qualche settimana prima mi aveva fatto sedere allo stesso tavolo.

Mi fermai proprio davanti a quella ragazza nuova che sedeva da sola ad un tavolo che è evidentemente per due.
Pochi secondi per guardarla negli occhi curiosi, ancora meno per estraniarmi dal locale, poi mi sedetti, come se fosse la cosa più ovvia e naturale da fare in quel preciso momento, senza il bisogno di chiederne il permesso.
«Ciao» le dissi.
Le sue forme generose mi accolsero con calore e confidenza, proprio come si saluta un amico carissimo che non vediamo da tanto tempo.
«Ciao; che brutta faccia che hai…

(si, lo so, ho sentito quello che ha setto, ma mi piace pensare che non sia stato un apprezzamento negativo sul mio aspetto esteriore, ma piuttosto una constatazione obiettiva del mio stato psico-fisico...)

... sembri molto stanco; mi sbaglio?»

«In questi giorni non è stato semplice, sai. E non lo è tutt'ora, per via dei rimorsi. Ho fatto qualcosa contro natura e quindi contro il mio Dio; ... eppure mi sono solo fatto guidare dall'istinto (ma di chi poi; chi aveva condizionato le mie idee?...) Quel che è certo è che ora mi sento molto solo...»

Non trovai altre parole e lasciai la mia solitudine lì, nuda davanti alla dolcezza ed alla comprensione di quella donna. Lei non sembrava affatto sorpresa ed il suo viso rimase fermo, senza cambiare minimamente espressione.

Pausa.

Io con il mio silenzio che era tutto uno sfogo.

Lei seduta e ferma ad ascoltare.

Attese che riemersi dai miei pensieri e difatti di lì a poco feci plop come una boa che salta fuori dall'acqua; e uno ad uno, senza farli accavallare, il cervello riprese a decodificare i sottofondi e gli odori familiari della Lampara. Mi sbagliavo; quella ragazza voleva solo stare tranquilla e non poteva avere niente a che fare con le mie visioni. Al di là delle impressioni dentro la testa non avevo niente in mano che potesse dimostrare la concretezza dei sogni fatti sopra una piattaforma buia o lungo una strada poco più illuminata e che forse avevo percorso stando seduto sopra una di quelle sedie, aspettando che maturasse una tisana calda.

Riprese lei: «Ti va di ricominciare tutto da capo, insieme?»

«Sarebbe bellissimo»

«Vieni allora, andiamo fuori a parlare»

«Aspetta, vado alla cassa»

«No lascia, ho pagato in anticipo».

Chiosa
Ricominciare

Tornare al punto di partenza non è sempre negativo, al contrario: può essere un'occasione di riscatto, un modo ricominciare. L'importante è cambiare il punto di vista e, possibilmente, fare meglio.

E' un privilegio non a tutti concesso, dunque siamo grati alla vita quando ce ne dà l'oppurtunità e siamo grati a tutti i compagni di viaggio che ci concedono l'ennesima chance, secondo le nostre capacità e con i nostri tempi.

Indice